如果生命
只剩一小时

[法] 罗歇—保尔·德鲁瓦　著

余佳乐　译

Roger-Pol Droit

Si je n'avais plus qu'une heure à vivre

海天出版社（中国·深圳）

图书在版编目（CIP）数据

　　如果生命只剩一小时 ／（法）罗歇-保尔·德鲁瓦著；
俞佳乐译. —— 深圳：海天出版社，2018.1
　　（大家小译丛）
　　ISBN 978-7-5507-2161-6

　　Ⅰ．①如… Ⅱ．①罗… ②俞… Ⅲ．①人生哲学－
通俗读物 Ⅳ．①D821-49

　　中国版本图书馆CIP数据核字(2017)第237526号

版权登记号　　图字：19-2017-098号
Si je n'avais plus qu'une heure à vivre
by Roger-Pol Droit
© ODILE JACOB,2013
此中文简体版本经法国巴黎Odile Jacob出版社授权在中国大陆
地区出版发行，版权代理为打开代理公司（Dakai Agency）
Simplified Chinese translation copyright © 2018
by Haitian Publishing House, Shenzhen, China

如果生命只剩一小时
RUGUO SHENGMING ZHI SHENG YI XIAOSHI

出 品 人　聂雄前
责 任 编 辑　林凌珠　岑诗楠
责 任 校 对　李　春
责 任 技 编　蔡梅琴
封 面 设 计　蒙丹广告

出版发行　海天出版社
地　　址　深圳市彩田南路海天综合大厦　　（518033）
网　　址　www.htph.com.cn
订购电话　0755-83460239（邮购）　83460397（批发）
设计制作　深圳市龙瀚文化传播有限公司 0755-33133493
印　　刷　深圳市新联美术印刷有限公司
开　　本　787mm×1092mm　1/32
印　　张　5.5
字　　数　80千
版　　次　2018年1月第1版
印　　次　2018年1月第1次
定　　价　35.00元

大家小译丛

"大家"指的当然是大学者，也指大众；"小译"则主要指的篇幅，而非内涵。

译者简介

俞佳乐，1976年生，浙江杭州人。曾就读于南京大学，先后获得法语语言文学学士、硕士和博士学位。现为浙江工商大学副教授、法语系主任，已出版专著《翻译的社会性研究》、译著《读书年代》等十余部，2014年获全国傅雷翻译出版奖新人奖。

致玛丽——

我的大女儿

目 录

突如其来

它强行而至，我没有选择，无法思考，一切都突然变得明显、专横、不可阻挡。

要有计划，

尽管我不知道该怎样，为什么，去向哪里，迎来什么，

我对此没有准备或规划，出乎意料，身体还在抗拒，意念已被控制。

在不长的时间里，我甚至尝试着装作什么都没看见。我望向别处，继续做其他事情，徒劳无益，这东西安营扎寨，截我所余，强行侵入，粗鲁直接，不能回避，甚至无法理解，尤其无法理

解，只能任它左右。

也许它远道而来，穿越了地下的通道，才能如此明显地横亘在前。

开始，真的，我感到以前从来没有思考过这个问题，然而，这念头又似曾相识，让我重拾垂老的计划，瞥见旧时的决定，暗中熟悉未来的死亡和消失，以及大限将至的尖锐，

并不一定是悲伤，只是尖锐、揪心、锋利，如同要你卸下一切伪装的要求，想象近在咫尺的结局，经历尘埃落定的后果。

我不是第一个这么做的人，我愿意冒险为之。

如果我还有一小时可活，只剩一个小时，不多不少，不可抗拒，我会拿它来做什么？

完成什么行为？

想什么？体验什么？还要什么？

留下什么？

最后一小时这个问题，古老而又新鲜，从旧时夜空走来，今天早晨突然显现，落到了我的头上。

让我们来想象一下：三千六百秒之后，一秒都不会多……短嗝、长吁、痉挛、抽搐，有事发生而后虚无，心脏停止，呼吸终止，脑电波平直。

宇宙、尽头的温柔、孩子的笑、饮茶之道、品酒之术、对于恨的恨，以及此后的一切，对我而言，都已结束。

生命终止，神秘你好，

戛然而止的神秘，

死后世界的神秘，

必须提早准备的神秘。

于是，一切变得更加激烈、危急、稠密。

　　必须排除幻想、避开视觉陷阱，去掉冗余，直奔重点，然而重点又在哪里？

　　我知道些什么？谁又会知道？冗余也被当成了重点，

　　然而没时间可以浪费，倒计时已经开始。

　　当然，这是一场人为的设计，我营造了一个假设，因为

　　在现实中，在极少数具体情形之下，我才能确定自己将在整整一小时之后消逝。就像被判了死刑的苏格拉底[①]（Socratēs），喝下毒芹汁，感到双腿发沉，知道毒药很快就会抵达下腹，而后是心脏；

---

① 苏格拉底（前469—前399），古希腊著名的思想家、哲学家、教育家。据记载，苏格拉底最后被雅典法庭以侮辱雅典神、引进新神论和腐蚀雅典青年思想之罪名判处死刑。

又或者身在得克萨斯州某个监狱走廊上的死刑犯，豁免要求最终被驳回，注射死刑的钟点已确定。

这些不是寻常生活的情境，

在现实的平凡生活之中，我们显然不知道自己在何日何时，意外或是如约死去。我们知道的不多，并未真正考虑过，时常无法决定。事故、心梗、脑梗、撞车，无论怎样，毫无预兆，一瞬间，生命之线崩断了。

或者长年患病，每况愈下，一步一步失去希望，走着走着就摔倒了，一次都没有到达过目的地。

这正是我所不欲、所不能承受的。

我想要弄清一些事情，尽管匆忙，尽管无序，不打磨语言，不梳理句法，我也不知道是什么，只是去看看，试着过滤一下我从生活中所学到的，这也许还能帮到别人，为什么不呢？

　　想象我将在一小时后死去，就一小时，不多一分钟，如同阿兹纳弗①（Aznavour）唱的那样。

　　因此，我打造的正是一场游戏，一则故事，一种假想，一项思维设置，一种用来锻炼思考能力的可操作行为。

---

① 查尔·阿兹纳弗（1924—　），法国歌手、词曲作家、演员。

游戏，讲述的
一种方式

不要耸耸肩膀说："这只是一场游戏"，因此没什么严肃的，也不严重。

彻底错了。

没有什么比游戏更严肃的了。

蒙田[①]（Montaigne）深谙其道："孩子们的游戏并非儿戏，在他们的世界里，要把游戏当作是最严肃的行为。"

这位正直的绅士，错在止步于儿童，其实，人类的所有行为都具有游戏的结构。

_____

[①] 蒙田（1533—1592），法国文艺复兴后期人文主义思想家，代表作为《蒙田随笔全集》。

"我们就当自己是海盗吧！"或者是探险家、牛仔、印第安人、修道士、朝圣者、大法官、哲学家、警察、总统、学者、纳瓦拉①国王、小丑、建筑师、药剂师、面包师傅、杂货店老板、音乐家、医生……

是什么无关紧要。

没有这种对想象世界的指令，没有赋范空间②的重建，没有特殊表征，就不会有一种人类行为能像我们所希望的那样严肃。

"我们就当自己是……"思考、行为、计划都由此开始。尤其不要局限在理论游戏。

---

① 纳瓦拉王国，原名潘普洛纳王国，是控制比利牛斯山脉大西洋沿岸土地的欧洲王国。
② 在通常的应用中，例如在函数空间中，它们有一个代数结构，即构成一个线性空间，同时还与某种收敛性相联系，处理这种结构最常用的一般方法是引入一个范数，这样就导致赋范空间的概念。

同样的结构随处可见：就当自己是铁匠、律师、汽车修理工、耕种者、将军、歌手……

人们将反思。

将追寻公平正义的城池

或循着美德、真相、美和爱的痕迹，出发去寻觅话语的本意、权利的来源、时间的意义、空间的性质……

柏拉图[①]（Platon）将此称为"严肃的游戏"，色诺芬[②]（Xénophon）借用苏格拉底的诠释来定义哲学，然而始终是场游戏。

就当我大限将至。

终点在一小时以后，确定无疑，做什么都无济于事，不可妥协，没有逃路。

[①] 柏拉图（前427—前347），古希腊哲学家。
[②] 色诺芬（约前440—前355），古希腊历史学家。

这场游戏，人皆可玩，选择保密，每一次只关乎一人，

那个将要死去的人。

这一次，在游戏之中的，是我。

游戏就在于探索短时间内的单一空间，

如同一次启发性的、至关重要的经历，身在其中，几乎无法伪装、迂回、戴上面具、扮演角色。

它逼你赤身裸体、真实说话，无论最后如何。哪怕结局让人震惊、讨厌、失望、恶心，

却没有任何的病态。

不再有将来

如果我只有一个小时可活，死亡，尽管如此逼近，也不应该成为我的第一忧虑。

重要的是去理解什么改变了。

只有一小时了，所以生命不再有同样的特点。

我总有一个过去，一个现在。

不再有将来。

卸下一堆计划、忧虑、操心、限制。

一小时之内，不需要再顾虑我的身体，肌肉锻炼和饮食控制毫无用处；监视体重、血压，这个比率、那个缺失，都成了可笑的担忧。

我将像现在这样结束，做什么事情的时间都没有了，不会胖也不会瘦，治不好也病不了。

我也不会再有时间致富或者变穷，不再有时间改变情况、状态、地位。

游戏全部结束，或者说已几乎结束，只留下狭窄的空白，每一秒钟都在缩小的空白。

这十分奇怪，

奇怪在只有那卑微的未来，如此局促，不复存在，有限、清楚、确定了的未来。

以往，未来很模糊、不确定，若隐若现，

我们知道，可供支配的时间在缩短，未来逐年减少。尽管年龄渐长，我们对此的感触越来越准确和深刻，但一种幸福的无知始终存在，让我们继续抱有希望、坚持制订计划、展望未来、用尽一切可能、估算运气、希望发生奇迹……

所有这些从此宣布被封闭。

当下的围墙将我监禁，口袋里几乎没有未来，可怜的未来，仅剩的一文不值的存在，就像德沃斯[1]（Devos）所言，即使一文不名，我们还是能买点什么。我想抵抗、斗争、咆哮、号叫，做什么都比懈怠或沮丧要强。

所以我才如此激动。

---

[1]　雷蒙·德沃斯（1922—2006），法国幽默艺术家。

无可失去

我对自己说，总而言之，我已经无可失去。

如果我只有一个小时可活，为什么不疯狂地投身于之前出于体面或害怕而从来没有做过、没有胆量尝试的事情中去呢？为什么不用各种物品来点燃自己，经历第一次也是最后一次真正意义上的精神恍惚呢？在大限到来之前潇洒一把，也许挺气派。

或者嘲笑我讨厌的那几个人，我痛恨的那几个，啊，这会是一大快乐！

或者在疯狂的欢聚中迷失，用呕吐和酒精消灭自己。

诸如此类的事情……我们心想，应该去做，既然没有明天，已经是最后的时刻，不会再有别的时刻。

让得体、价值、美感等等见鬼去吧，当然还有谨慎、尺度、节欲、礼仪，这些在平常的日子里、一般的时刻里做的蠢事。

在最后一个小时，什么都不再合适。用另一种方式游戏吧，只玩一次。

在最后一个小时里，我会说起知识分子的卑鄙、当代人的平庸、所谓哲学家的懦弱、大学学者的酸腐，我会揭发一堆又一堆肮脏的小秘密，吐出好多升的毒液。

可这又有什么好处，这是白费力气，和衰竭沮丧一样徒劳。

怨恨没有好处。

守卫疆界

应该换条路出发，守卫疆界，尽管我已弄丢了未来，但这总比抱怨或发怒强。

因为，如果我只有一个小时可活，也要和这未来的结束道别，极端有限的时间段，只有一个小时。

而在生活中，我们总是认为还有时间，于是我们毫不在乎，自我安慰，想象着某一天……

明天，再晚些，明年，后年，等我长大了，等我老了，等我安静了，病愈了，终于一个人了，或者终于不是一个人了，下个星期，或两年之后。

始终不确定，有空白，在远处。

而现在，过去的每一秒，都意味着减少了一秒，无法阻止。

于是要结束了，彻底结束，摇摆、逃匿、隐去、注销；要死去、消失、蜕化、转换、嬗变。我又知道些什么？

对此，我知道些什么？我能知道些什么？什么都不知道，除了它就要来了。我甚至不知道"它"是什么，也不知道"它"会做些什么。无论如何，一个小时之后，它就要来了，而现在，连一小时都不到了。

这就是新奇、不同和难以忍受之处。为什么难以忍受？真是新鲜事吗？我总有一天要死。但当我对自己讲述的时候，死亡还遥不可及，多年以后，如此久远。这有什么不一样？对死亡的确信、它的临近，节节上涨的水，从天花板落下的镰刀，爱伦·坡①（Edgar Poe）的小说《陷阱与钟摆》中，被捆在地上的人看见镰刀正缓缓落下，即将砍向他的咽喉，这有什么不一样？

大限已定，死期将至，它改变了一切。

扫清关于未来的幻想，那只是玩具、计划，好日子里的小故事，缓粹，还有一会儿，生命的残羹，喝一口，来一勺，干一杯，一点爱抚，一个眼神，一道光线，一口空气，一抹香气，再来一点，再多一点，为了推迟期限。再说我们也不知道死亡是如此之近，我们自欺欺人，臆想可能长寿、得到宽恕、久病初愈，种种奇迹和平凡。

———————————

① 埃德加·爱伦·坡（1809—1849），美国诗人、小说家和文学评论家，浪漫主义思潮时期的重要成员。

这一次，我把自己置于死地，结束不可避免。近在眼前，没有出路，没有地平线，没有模棱两可，没有任何东西可以造就未来。将要来临之事尚不等于虚无，但也相差无几。

就几分钟的事情。是真的吗？

如果只是要袒露所有？如果我还和往常一样，拥有众多稠密的时刻，我剩下的事情就是掘地三尺，聚集星星点点，记忆、思想、语言、感情的碎片，尽我所能将其联结，不追求创作，甚至不需要理解。尽管人们总在或多或少地找寻一点意义、一个片段、一种后续。对，是的，一种后续。事实上，我们总是坐在后续的船上，肯定错过了开始。

没有人知道这一切是怎么开始的，如何开始，为何开始，又是由谁开始。

前面的情节，我们了解一些，只是

这最后的剧集，我们不懂其中的来龙去脉。

在生活的故事中，存在着太多的缝隙、空白和谜一般的人物。表面看来，还有太多的满溢、多余、匪夷所思。但必须适应，尝试着去重写历史，给它严密的表象、有组织的开始、可领会的形式，不惜代价，让它七拱八歪，始终像个跛腿的人一样前进。

通常，拯救我们的，是书写后续的意愿，后续的后续。在前一个后续中，我们摔倒了，不知道后续如何发展，就像我们也不知道事情从何而来。

为了让连续剧继续，后来的时间已被安排。

就像一种明显的事实。

一种确信或是必需，

一种避开了我们的恐惧的延续。

　　这就像——尽管心跳、慌张、兴奋、惶恐，在另一边、里面、对面、上边或下边，我不知道是在哪里，这不重要——还有另一件事情在暗自发生，不求给养，自给自足，沉着蔓延。

　　好像，那就是生命。

生命如律动

　　生命如律动，是的，两段空白之间的连续，总有先来，总有后续。

　　虚无和虚无之间的律动。

　　再说，虚无，这么说也过了。因为事实上，就是什么都没有。虚无中的虚无，只剩律动。

　　是什么在动？心脏、翅膀、睫毛、锣鼓？

　　生命，一种律动，无它。这么说，更简单一些。

　　然而，没有什么比定义律动更难。

　　无法捕捉、固定、扣逮，只是跳搏、运动、两者之间、过程、微分，从不固定，从哪边看位置都不明确，或者无法定位。

律动只是某一刻的运动，众多时刻中的一刻，从多到少的过渡，或者相反，从上到下，从下到上，吸—呼，收缩—舒张，开—关，永无止境。

生命跳跃、搏动，在所有的时间里来来回回。我们看不到它。

我们从未看到过律动，我们可以体验、穿越、感知，却从来无法凝视它。

我们看不到生命，因为我们身在其中，在律动中。

要想凝视律动，就要像眺望大海、山川或落日，像观察海鸥飞行或骏马驰骋，置身事外，从外部仔细观察。这是我们做不到的，因为我们始终身处其中，在律动的中心。

所以我们什么也看不到。

并不是只有太阳和死亡不容直视，还有生命。出于别的理由。

因为，生命如律动，就是间隔，就是距离，没别的，身体、呼吸、眨眼、话语之间的距离，间隔和一连串的间隔，撒落在个体中心的跳动带来的微响。

而这些或好或坏、或多或少、或稠或疏的律动，决定了我们所说的——这有些愚蠢，因为没有更好的指称，有也不知道——幸福。

幸福不可持续

事实上，我们对这个词的含义知道得愈来愈少。幸福不是一种可持续的、稳定、同质或平顺的状态，也不是凝滞的、被无休止祈福的不朽金身。

幸福只是小事，琐碎、纯属无聊的小事。

幸福从不存在，在哪儿也碰不到，只存在于若干假想中。虚构的天堂，伊甸园之梦，像阿热诺尔·费努亚[1]（Agénor Fenouillard）所说，是人类的手从没被当脚用过的地方。

---

[1] 阿热诺尔·费努亚，法国著名连环漫画《费努亚一家》中的人物。

我们所经历的是另一种完全不同的生活，那些系列、连续、零散的混沌，一连串的事件、感触和情感，蒙田笔下的"享受生活"，以及痛苦的来源。

痴迷与痛苦、愉悦与无助、心痒与反胃，所有这些始终无限期地混合。彻底厘清，过滤出快乐和积极，搓揉出所谓幸福的面团。保证摒弃忧伤，留百分百的欢欣。

有这样的念头是最傻的事，是最大的不幸，是骗子最卑鄙的行径，愚蠢的诈骗和危险的呆子，

那是因为，这种过滤不存在，愉快和不悦、快乐和不幸无法分离，完全不可能。

生命是一个整体，一次多样性的律动，其中包含一切，比例不同，但世界从来不会如人所愿般呈现单一颜色，不

可能完全不幸，也不可能绝对幸福。

　　这就是为什么要对生活说"是"，爱它，接受它，渴望它，承受它，真正地经历它，对这一切毅然地说"是"。对垃圾、泥浆、害怕、悲伤、恐惧说"是"，一如对美好、温柔、享乐、平静、祥和、互助说"是"。因为，无论何时何地，没有一种方式可以将这两者彻底分离。

　　当然，我们始终可以避免最坏，逃脱厄运，守护自己和家人的生活；我们可以筑墙、切割、分离、筛选，把噩梦锁进抽屉，将微笑放入橱窗。

　　但这只能持续片刻，混合终会回来，一切重新杂糅、交织。

　　心醉神迷与忧郁悲伤、热情高涨与愁肠百结、心平气和与动荡混乱。

　　不是因为幸福的念头徒劳无益，而

是我们什么都无法决定。

甭想赞美痛苦，拥抱厄运，接受侮辱、疾病和悲伤。必须和它们斗争，和所有负面的、削弱力量的、致命的因素斗争。

这场斗争可以取得辉煌的胜利，让痛苦的气团节节退步，持续削减不幸，从某种意义上让世界变得更好，至少改善某些人的生存状况。这场斗争始终值得去完成，经久地、持续地。保持清醒的人们必要且紧急的任务，是在深夜唤醒睡眼蒙眬的他人，如果必须行动的话。

然而，最大的幻觉，仍是相信这样的斗争终有一天能永远消除痛苦，筑造完美无瑕的世界。

这是十分荒谬和错误的，因为我们能够而且应该减轻痛苦、战胜罪恶、削弱不幸这一事实，绝不意味着我们能完全彻底地消除生活的阴暗面。那只是共同荒谬的假想。

为什么会这样？为什么如今最广为流传的错误，是想象完全、纯粹、绝对和完美的幸福？

因为我们错误地认为生命可以趋同，丰富多样可以被整齐划一。

因为我们只用一只眼睛看到了事物的一面。

因为我们相信自己是统一的、单独的、整体的。

事实并非如此。

错在相信统一

这甚至是哲学家们最令人奇怪的错误之一：相信我们是统一的——

他们维持着固执的信念，认为我们是同质的、单色的，始终被唯一的思想、意愿所占据；我们的推理不给其他念头、感触、计划和思想同时存在的空间，也不和它们并置或重叠。

在哲学家们看来，意识纯粹是一个氛围，是一种稀有气体，每次只能有一个行为在其中展开。

按他们的说法，个体就是一个统一的整体，其思想也是。一旦思想被切分、割裂、打断，布满断层，愚蠢、错误、疯狂就伺机而动。

如果我只有一个小时可活，我要大声呵斥：在我看来，这种奇怪的看法是错误、可怜、堕落的。

因为在我们的真实生活中，没有什么，绝对没有什么事情，哪怕只存在一秒钟，会符合这种想象中的统一。

譬如，在我写作的这一刻，我想着我要说的话，但我也看到羽毛笔在纸面上画出字母，听到一只鸟儿在附近的树上鸣叫，我右脚上的水泡有点痛，腿肚子还有几分酸痛；我听着贝多芬[①]（Beethoven）的四重奏，我觉得应该是第七弦乐四重奏吧，但我不能确定；我感受到了椅子的织物和桌子的边缘；一股厨房的气息从楼下飘来，我一边写，

[①] 路德维希·凡·贝多芬（1770—1827），德国音乐家，维也纳古典乐派代表人物之一。

感受着自己的腿，听着鸟叫，一边问自己这是不是油煎洋葱或别的什么，哪道菜肴闻起来会如此之香，是谁在做菜，但同时我也不会忘记我写作的思路。

所有这些，非常平凡，极其简单，但没有什么能阻止我同时想到：

我愿意今晚躺在我们的床上，而不是死去，

我希望立刻回到她身旁，而不是趴在桌子上，费劲地写着文章；

音乐不是我记忆中的模样，我脑海里想的也许是另一种演绎，得去确认。记忆布满了陷阱。

我不知道为什么鸟儿要歌唱，它和什么有关，有什么意义；

我开始饿了；

真奇怪，这张桌子穿越了几十年的光阴，我死了以后它会依然存在；

我刚发现——也是同时——我画下的字符，从远处看，是多么像象形文字的头；

象形文字——我马上想到——并没有头；

等等，等等；

诸如此类。

我相信，我从没有经历过一秒钟，在我的意识中，只有一个念头、一种状态、一份担忧。

意识更像是杂物堆积处，各种感触、思想、欲望、计划、模糊的记忆、联合与靠近，交错重叠，有时互相渗透。这本来很正常、普通、持久，但显然哲学家们却不以为然，毫不在乎，创造了纯净的思想，循规蹈矩，每次只胜任一件事情、一个念头、一种感觉，永远得依次排队。

这种被校正的意识，与持久穿越我们身体的不统一的思想之流，只能维持着遥远的联系，似乎不妨碍任何人。

奇怪的是，最优秀的灵魂，当他们俯身关注思想，似乎忘记了自己所经历的，忘记了所有思考着的人在一直经历的：

无数异质、回旋、多样、区分、累叠、层状、不协调、同时发生、反复无常的因素，互相重叠、交错、侵占、契合、错综复杂，这才是我们，而不是统一、聚合、同质、不变。

很少有思想家指出这形式复杂的意识之流，主体移动的碎片。

据我所知，西方还没有一位学者充分意识到这点，并把它作为思考的主题。当然，除了蒙田，除了尼采①（Nietzsche）。确实如此。如果我们坚持，其思想可以被这样解读。

对我而言，重要的是，证明我们作为复杂的意识流而存在，能带来什么结果。

这个证明，就其本身而言，没有什么特别之处：谁都知道它的存在，尽管没有人，或几乎没有人对这一点感兴趣。

重要的，还有随之而来的问题。

譬如，如果这是显而易见的事实，为什么哲学家们什么都不说，或者惜言如金？为什么，在复杂的意识流这个紧密又松弛、断裂而持续的位置上，他们杜撰了一个理性的神话？它只知道推

① 弗里德里希·威廉·尼采（1844—1900），德国著名哲学家，被认为是西方现代哲学的开创者。

理，具有单项任务的意识，毫无寄生物，缺乏多样性。

还有，如果人类果真不是单一的而是复数，层层叠叠，多种多样，由细胞的层次、闪烁、混合和交叠而来，那又如何解释说，无论如何，我们还是或多或少地构成了统一？

如果说，我始终同时在思考、感觉、体会、计划、记忆、重寻和组合众多数据，以不同的记录方式，理性和非理性，重复和创新，断裂和距离……这是显而易见的，那么，从某个意义而言，我，我们都是统一的，这也同样显而易见。

除了谵妄、患病或功能障碍，我们不会把自己的记忆与他人的记忆混淆，把我们经历的和听说的混淆，把未来之事和心中的梦想混淆。

　　所有这些不同的和与此类似的东西，都假定了意识流是持续的、一致的、严密的。

　　因此，显然必须让它内部的一致性不逊色于它令人目眩的多样性。

　　此时此刻，我想到这个问题，是因为如果我生命中只剩下一个小时，这点非常重要。

　　究竟是什么在死去？多样性？其中的某些元素、领域或集合？还是让它们凝结的内聚力？

　　一旦我们不再将个体想作单一、主体想作整合，而是群飞的昆虫、天上的云、旋转的风，

　　我们便不会相信一切将始终存在或彻底消亡，而会提出问题，问自己哪些片段会消失、哪些会留存，哪些结构会溃散、哪些会持续。

然后呢?

我一无所知。

没有人知道。

我不认为这是可知的。

最好还是算了吧,

不仅这个问题,还有许多其他问题。

放下理解
一切的执念

　　不如放下理解一切的执念，这欲知的持久渴望和让我们折服的信仰：如果我们知道得更多一些、更详细一些，我们一定会更加自由、更加幸福，成为自己乃至宇宙更好的主人。

　　又一个令人尴尬的信念，有必要摆脱它。

　　因为知识和信念一样，必须始终是不完整、不纯粹的，镶嵌着物质，充满缝隙、洞穴、空白，因为我们永远不会了解一切。

　　就本质而言，我们是无知的，愚昧无知，这并不是悲剧，也不令人绝望。

为了证明这一点，需要做一个精神上的比喻，因为我们接受的教育没有给予我们接受事实的耐受力。

相反，我们的文化如此鄙弃无知，怀疑它罪恶累累，认为它邪恶、不怀好意，具有威胁性，以至于一旦知识无法获得、遥不可及，我们就用信仰堵住缺口。只要有可能，就用叙述和转换为现实的欲望来代替我们所不知道的事情。

如此，我不知道死后还有什么。我不比世界上任何一个人知道得多，没有一个人确切地知道。于是我们相信，某些人坚信不疑，有的人可以不朽，这可以让我们在另一个世界里重新找到亲人。

或者我们相信其反面，依然坚信不疑，我们将永远消失，永恒的虚无是我们的宿命。

在承认信仰不可能停止的同时，至少尝试着接受，这只是我们心中所想，不再与信仰、知识、现实混为一谈。

我说出格言，给了建议，看到自己变得充满哲理、滔滔不绝、沉重愚钝，而时间紧迫，一个小时的期限本应让我修剪冗余、减轻负担、认清重点。

应该摆脱幸福。梦想绝对存在，迅速弄空知识已为时太晚，因为未来变得稀薄，不可能再幻想创造些什么。

在剩下的时间里，我还能尝试什么？

看生命走过

我应该看着自己的生命走过，就像从屋顶坠落，或者掉入深谷的人们？

乡村的夜晚，呛人的柴火，黑红的两颊，黄昏的游戏，魔鬼的时刻，依偎着草茎蜷作一团的懒汉，一堆女人，俄罗斯套娃一般的母系社会，瑞典女人如仙女皮肤般光滑的私处，不知从何而来的欢吟，修道院图书馆的钟声，饱食肉肴、千层酥、乳酪、红酒，萎靡，无力，恢复，纸盒，货车，搬家，流浪，烦恼和无趣，指甲缝里的黑泥，皲裂的手指，哈瓦那雪茄的味道。

惊恐不安和恬静海滩，零碎现象的

片段，万花筒般的私密世界，这一切又有什么用？

如果只剩下一个小时，我不会向怀旧的诱惑让步，不会转身向后，怀念庆典上的玛德莱娜小蛋糕。

不管怎样，有一个时刻会浮现在眼前并将我淹没。

十三岁的一天，我差点死掉，我知道四十八小时里吉凶难测，我短暂的生命不久之后可能结束。脱险后我十分轻松，没有不悦，但有一种感觉此后便不曾离开：这以后的一切都是赚了，完全可以没有，只是偶然的赠予，类似添加、盈余、增补、补遗。

如果回放人生的电影胶带，这一次好好放，生命接近尾声，没有红包，没有剩余，我会做我勉强能做的唯一的事情。

我要写，

只有一小时，

但要自由，尽可能地自由。

没有人来问我写的是哲学或别的东
西，诗歌或其他体裁。

我只是想写

我只是想写。

来吧，我有权梦想，就像"大鸟"[1]（Bird）在爵士音乐秀里演奏萨克斯，美好时光中的克特兰[2]（Conltrane）、罗林斯[3]（Rollins）、科尔曼[4]（Coleman），或者盖茨[5]（Getz），或者吉弗里[6]

---

[1] 查理·帕克（1920—1955），绰号"大鸟"，美国萨克斯演奏家，对波普爵士乐的贡献巨大。

[2] 约翰·克特兰（1926—1967），美国萨克斯演奏家，对爵士乐有过重大影响。

[3] 索尼·罗林斯（1930—　　），美国音乐人。

[4] 奥奈特·科尔曼（1930—2015），美国爵士乐音乐人。

[5] 斯坦·盖茨（1927—1991），美国爵士乐领域即兴演奏的代表人物。

[6] 吉米·吉弗里（1921—2008），美国爵士乐单簧管及萨克斯演奏家，作曲家。

（Giuffre），我问自己尼采是否也喜欢过爵士，我觉得很有可能，这个放弃瓦格纳[1]（Wagner），哼着比才[2]（Bizet），读过斯特恩[3]（Sterne）、狄德罗[4]（Diderot）的男人应该热爱爵士乐，至少在我梦想中是这样。

如果我只有一个小时可活，我会像多菲[5]（Dolphy）、肖特[6]（Shorter）那样创作，切分、呼吸、节奏的断裂；我

---

[1] 理查德·瓦格纳（1813—1883），德国作曲家、古典音乐大师。

[2] 乔治·比才（1838—1875），法国作曲家，代表作歌剧《卡门》。

[3] 劳伦斯·斯特恩（1713—1768），英国小说家，代表作《项狄传》。

[4] 德尼·狄德罗（1713—1784），法国启蒙思想家、唯物主义哲学家、作家，百科全书派的代表人物。

[5] 埃里克·多菲（1928—1964），美国萨克斯演奏家、爵士乐人。

[6] 韦恩·肖特（1933—   ），美国萨克斯演奏家、爵士乐音乐人。

要像他们临场发挥一般地思考，像他们
喊出音符一般地造句，像他们撕裂寂静
一般地表达意念。

　　每个人都有自己的幻觉、小梦想、
跃起投篮和尝试失败，

　　或者极罕见的千次中一。

　　我们也不知道为什么会投中，究竟
哪一次是第一千次。

　　调整、坚持、偶然、音域、十分之
一秒、听觉、眼神、手指，放任和控
制，无法定量和直觉行事。

　　为什么是写作，而不是其他？发现
棒球、学习弹奏里拉琴①（lyre），就当
是首次尝试；最后一次散步，凝望一把
草，以禅的方式。

　　一切皆有可能，清单还可以更长，

———————

① 里拉琴，亦称诗琴，西方最早的拨弦乐器，也是
文艺复兴以来西方音乐的象征。

定义无限。

写作脱颖而出，要说清楚原因。

我不求自证，只是看清理由，我想我有了答案。

如果我只有一个小时可活，我选择写作，作为与死亡抗衡的计谋，

拙劣的计谋，有限，近乎虚弱，或许可怜，就其方式而言。

然而远非无效，或者完全无用。

在此之前，我可能从未有过如此清晰的认识。

如果还有不到一个小时，我将从这个世界上消失。但我现在写下的文字却会永存。

我将彻底失去活力，无法写下任何痕迹、表达任何思想、传递任何感受、做出任何可见的行动、介入任何世界。

可是，我正在撰写的语句还会存

在，留在那里，留给读者。

可能有一天，过段时间，甚至几个世纪之后，他们会抢着阅读，耸耸肩膀，为这些文字哭或笑。

这样的事情非常奇怪，让人无比好奇。

这不意味着死亡被战胜，它只是被绕过，以写作的伎俩。

在拉伯雷①（Rabelais）古老的比喻中，"冰冻的话语"，语言突然凝固，存在于时间之外，封存在冰霜之中，脱离了时间的流逝。

似乎，突然之间，当下成永恒，逃避了光阴的侵蚀。

对我而言，此刻写下的在下一刻已成过去，但我可以重新回顾这些文字，

---

① 弗朗索瓦·拉伯雷（1483—1553），法国文艺复兴时期人文主义作家，代表作《巨人传》。

除非在不到一个小时之后……

　　然而，对他人来说，明天、明年、下个世纪或一千年以后，这依然可能。

　　某个人可能会刚好碰到这特殊的一刻，被卡在这一页或被电脑屏幕捉住的这一刻。写作是充满奇特的事情，它对自己所保存的东西毫不在意。

　　蠢货才会相信写作是为了保留高贵的目的，只寄存值得保管的东西。

　　作品伟大与否、思想崇高与否，都无所谓。写作收留一切，涂鸦、淫秽、洗衣工的记录、皇室档案、牲畜群的数目。

　　这就是，也许尤其是写作之谜令我着魔的原因。

　　事实上，写作保留了时刻的灰尘，赋予时光的纤维以永恒，或许不够彻底，但在很长的时间里，它让微小的事物摆脱衰败、腐化、老去。

面对一切转化和变形，我们依然拥有某一天，某个白天或某个夜晚，某位古代战士写在埃及妓院墙上的文字。

对这位战士，对他买春的姑娘，对背景和时间，我们都一无所知，然而数个世纪以后，我们看到了他淫邪的评论。

同样流传下来的有苦役犯的蠢话、小人物的祈祷、细碎的账目、巫师的魔法、被遗忘的功绩、购物清单、咒语、药方、私密揭短、公众法令……

每一次，写作都令独特永恒，留住了注定要消逝的时刻，哪怕它们毫无功绩，乏善可陈。

写作固执地、无动于衷地运作，如同时间的陷阱，油漆的干燥剂。它风干了某一刻，但不能说它粘封了时间，因为凝滞不动的不是时间。时间继续、继续，流动从来没有停止。

通过写作，行动的碎片、生命的闪烁和言行举止凝结成水晶。

只剩下独特。

普通的东西无法被书写，也无法遗存。

唯有独特才能不死。

这就是我想要的：铭记这一刻，撒下意义的种子。

尝试着传递一把暂时被凝固的尘土，将来，很久以后，每一道以自己的方式投向它的目光都会使其重生，而我对此一无所知。

为什么传递？

问题并不存在。

生活、死亡等于传递，就像成千上万个和我们分享生存的物种（植物或动物）所做的那样，一切都连接着消失和传递。

没有个体会在确保其延续性之前脱身而去，不留下孢子、花粉、种子、卵子……

随风散去或择地而居，这些微粒证明了生物在消失前必有遗留。

对几乎所有物种而言，只是一个DNA①的事情。

————————
① 即脱氧核糖核酸。

对活在语言、表征、符号和思想里的我们，死亡必定要求写作和思想的传承。

为此，我们创造了教育、习俗、法律，许许多多的律条和标准，知识需要学习和练习。

正如勒内·夏尔[1]（René Char）声称的那样，我们的遗产并非没有遗言在前。

问题是相反的：太多的遗言、乱弹、乌烟瘴气，太多的指令、遗产、指南、报表，我为什么还要加上一本袖珍手册呢？

出于傲娇或诚挚，还是两者皆有，水乳交融以至于无法区分？

我感受到的必要性可以用别的方式表述。

———————

[1] 勒内·夏尔（1907—1988），法国诗人。

最终，我想象我们生活在一个气泡的表面，气泡看来顽强、牢实、坚固、抗击力强，闪闪发光，彩虹般瑰丽，直到它爆裂，转瞬即灭。

知道了这一点，我们就可以完全适应在气泡上生活，尽可能训练自己，面对它将来的爆裂而找到某种平和。

在坚守阵地的时候，确实，气泡看上去完美无缺，厚实而多彩，现实而坚固，难以想象它会突然之间消失。

了解气泡的岌岌可危、无限薄弱和透明，丝毫不会改变它即将爆裂的命运。

生和死之间无法预想的界线也是如此，无所不在又难以觉察，无法跨过却一秒穿越。也许最简单不过，却不可能清楚规划。

如今，我被说服，气泡将在设定的期限内炸裂，短暂而不可变，这始终伴我左右的想法让我感到前所未有的冰冷。

我不相信自我宣扬的英雄主义，但我尝试着表现出，只要我能，一个把死亡看作边缘的勇者的形象，不紧张得牙齿打架，明知结局确定且临近，继续诉说，梦想着最后的话掷地有声。

勇者愿意，在寂静之前大声发言，在气泡爆裂、一切终止之前，抱着勇敢的信念：死亡永远不是最重要的事情，它可以引领我们走向或找回本质，但死亡本身不在此列。要明白死亡并不属于最重要的事，就必须把它纳入其中，构建或者重建一种接纳了死亡的轻松。

时间越往前走，我看到的悖论越多：思考死亡，而死亡不可设想；相信虚无，而不会沦陷其中；传递，而不会声称了解；在这交叉地带前行，而不被种种矛盾羁绊住脚步。

我们知道得不多

一个信念支撑着我的头露出水面：
我们知道得不多，永远会是这样，最终
看来，这也没什么重要的。

乍一听来，有些奇怪，当我们想到
几千年里累积的、几十年来以神奇的速
度增加的令人眩晕的知识。

看上去，我们几乎探究了一切、排
列了一切、度量了一切，从浮游生物到
宇宙黑洞、从基因到火山、从物理夸克
到火星荒原、从考拉到生物酶，所有的
问题、所有的渴望，我们都给了答案，
供养着能满足每一个人求知欲的数据
库。

每个人根深蒂固的欲望与其社会环境、文化、教育无关，如此强大的欲望，让生活不可避免地成了学习的同义词，以尽可能地发现所有的"为什么"，那一堆有关实际、理论、科学、道德的知识，有关自然和人际关系的精致的艺术。

在此条件下，如何还能断言我们知道得不多，还说这也没什么重要的？

因为了解一切必定有限度，一个我们不知道的"在此之外"。这似乎难以接受，为什么知识注定有局限？

我们的文明蜷缩在一个寓言的摇篮里：知识的局限是暂时的，这些我们还不了解？再等等，发放贷款，组织捐赠，研究者们很快就能知道了！

的确，在很多情况下，这种预见得到了证实。

再以后，尽管依然希望，我们对此的坚信略减，因为今天的谜团经常且无可争议地在明天被解开，但这不影响科学尚未完成的事实。

没有人会在某个美丽的早晨关上实验室的门，大喊："从此以后，我们无所不知！女士们，先生们，科学结束了，研究已开始很久，但我们到达了目的地，所有等待发现的从此都是已知，任务已经完成。"

所以，在任何情况下，知识没有止境，认知不可能穷尽。

康德①（Kant）对局限做出了解释：

局限是移动的，不停位移。在很多领域，我们今天所不知的，明天会有更好的认识，到后天可能完全了解。然

_____

① 伊曼纽尔·康德（1724—1804），德国古典哲学的创始人，古典美学的奠定者。

而这并不能否定，每一次，是一代又一代、一年又一年推移而来的。

但对于认知局限无所依傍的某些问题，局限依然存在，界线无法跨越，在任何情况下人类的知识都无法到达。

例如，死亡之后会发生什么，我们对此一无所知。无论怎样尝试，我们永远都不可能知道任何情节。

我们永远不可能知道一切，还有另外一个原因，更加强大。

随着知识的增加，我们的无知也在扩大。

知道得越多，不知道得越多。

无知的人知道得也少。

只有外来的目光，投向无知者的、智者的目光，才能判断出这蹒跚学步者的空白大于他的所得。

而他，蹒跚学步者，并不知道自己

的无知到了这种地步。

他对于最初成功的满足，远远超过了对广阔未知的认识。

然而，一旦获得进步，扩大认知，他就明白了自己所知的缺陷。但一部分的未知命中注定，仍不为己所知，没有后援，无法撤销。

我认为有必要针对万众迷恋的专家说、能力论，来为无知唱一首赞歌，冒着又造成一种悖论的危险，尤其是哲学与无知的关系曾一度暧昧。

所有人都同意，求知的欲望奠定了哲学，哲学宣告说，真正的知识是美好的，令人渴求。

对知识的追求应先于其他任何事情：快乐、权力、愉悦、成功……

我们忘记了先决条件：只有意识到自己的无知的人，才会渴求知识。为了消灭无知，至少要减少无知。

在哲学家看来，这是对无知的最初的引力和斥力，是特殊的既爱且恨。

这独特、隐晦、暗藏的关系势力强大，哲学很可能在成为知识的情妇之前，就做了无知的女儿。

苏格拉底早就看到了这一点，他宣称自己知道的一切都基于曾经的所知，无知成了试金石、美德和迈向知识的第一步。

还有一步。

无知不是一个会被轻松忘记的出发点，也不是发生在古代思想家身上的陈年往事。在哲学的历史上，无知曾占有一席之地。如今，我们依然有条不紊地寻找着它的地位。

吸引人的，依然是、始终是思想的局限，概念之外的东西，思考看不见的内核，逃离了分析的空白之地。

如今，在知识的通货膨胀和无限繁殖之中，针对"无所不知者"无所不在的傲慢，要有一个清楚的提示：我们的认知存在着局限。

于是，哲学家们应该被定义为"无知的守护者"。

这当然不意味着他们推崇蒙昧主义，尽管存在着极端主义分子，存在着"博学而无知"的神秘论者，他们最后竟然认定知识是消极的、骗人的。

看看古希腊的安蒂斯泰纳（Antisthène），他粗鲁地认为，智慧者甚至不该学习阅读。禅定的出家人，缄默胜于说话，敲击木鱼胜过智慧的言语。

简单说来，不以空白替代认知，不赞颂愚蠢，必须制止"我知道一切"的傲慢，反对狂傲自大的哲学和过度膨胀的认知，将疆域限定在人类无法涉足之处。

蒙田、塞克斯都·恩披里柯[1]（Sextus Empiricus）以及持怀疑论调的哲学家，从古希腊的皮浪[2]（Pyrrho）到米歇尔·福柯[3]（Michel Foucault），还有戴维·休谟[4]（David Hume）等等。

所有人都选择了容忍无知，并且强调说在大部分领域，我们不能触及真相是正常的，而这丝毫不应该成为绝望的借口。

我站在这一边，和持怀疑态度、认为无知是无法超越的人在一起。

所以，如果我只有一个小时可活，

[1] 塞克斯都·恩披里柯（160—约210），罗马帝国时期的希腊哲学家、医生，怀疑论者。
[2] 皮浪（约前360—约前270），希腊古典时期的哲学家，被认为是怀疑论的鼻祖。
[3] 米歇尔·福柯（1926—1984），法国哲学家、思想家、历史学家。
[4] 戴维·休谟（1711—1776），苏格兰哲学家。

我不会怀念我所不知道的，我应该可以知道、品尝或者发现的事物，它们将不可避免地成为我经验中的缺失。因为我确信，无知不是一种痛，这是我与绝大多数哲学家的分水岭。他们珍视无知是为了远离无知、靠近认知，最后登上真相的彼岸。

他们忘了真相在躲避，它只是海市蜃楼、无谓的折磨、扰人清梦的虚构故事。

不如告诉自己没有彼岸，只有无休止的航行。

我们对真相的了解微不足道，范围有限，在某些领域，我们根本无法知道"绝对的真实"是什么，甚至也不能确定"绝对的真实"是否有意义，如果有，又是在哪些条件下。

最后的真相，至高无上的、完整无

缺的真相，如果它存在，也是我们绝对
无法触及的。

　　哪怕我们生命的期限被放大十倍、
百倍、千倍；哪怕我们的智力和记忆以
同样比例增强，基本情况也丝毫不会改
变。

　　这不是时间、能力、数量的问题，
唯一的出路是放弃了解真相的野心，并
享受由放弃而生出的快乐。

　　因为，与野心的永别不会带来一丝
一毫的悲伤或沮丧。

很快乐

抛弃了绝对的知识，这很快乐。

一次没有终点的旅行由此展开，充满惊喜、好奇、发现和生涩。

这里的人们怎么想的？那里的人们信仰什么？这片天空下有何发现？群山后面是谁在统治？每到一处，因知识而受尊敬，被看作智者，因无所不知而声名远扬？

说到底，究竟是真正值得尊敬的秘密掌管人，还是愚蠢迷信的散布者，这并不重要。让我感到有趣的是，这带来了新的精神态势，提供了前所未有的思想品位，激发了毫无目的的漫游闲逛，从发现走向发现。

永远不同的冒险比永远不变的真实好玩。

如果要尽快说出核心和重点所在，实用而不浮夸，不藏着掖着，不添油加醋，我会说，丢掉接近真相的陈旧欲望。

在追寻、质疑、流浪中痛苦彷徨，什么才是正确的答案、真正的知识、要遵守的规则？什么是最好的？这里，那里，或是别处？怎样去认知，去确定？如何不再怀疑、盘旋、不断地猜想？

显然，很多情况下，可以找到明确的答案、事实的真相、可靠的逻辑和严密的论证。

然而，那都是孤立的礁石，被不确定的海洋所包围，是不重要的真相所在。

最重要的是，我们很快又将继续没有终点的流浪、亘古持续的疑惑。

与其把这根深蒂固的不确定性看作地狱或噩梦，不如在这当中找到源源不断的快乐。

这并不那么复杂。

在那么多的梦想乐园、奇趣城堡、幻影剧场和神奇表演之中，存在无可置疑的真相。

然而，我们的存在如此短暂，只能粗粗领略这各色各样的乐园和表演。

尽管如此，我们很快就知道我们喜欢什么，不喜欢什么。哪些让我们手足无措、心生厌倦、呆若木鸡或笑逐颜开。

每一个相信生命就是追寻真相的人 —— 真相并不存在或永远难以企及 —— 都会选择永无终止地从一个学说游移到另一个学说。

这就像拜访遥远的国度，品尝异地的菜肴，或在新的水域中潜泳，无知的蛊惑巫术和黑暗威胁从此结束。

我们犯下的严重错误并不一定与无知有关。

知识与无知一样，让人类犯了同样多的错误。

我们始终对生命之旅的"最终奥秘"一无所知。

必须忍受这种无知，意识到它在本质上是无可救药的。

哪怕必须日复一日地减少空白，从不抗拒科学和技术的进步。

我看到时钟在走，剩下的时间越来越少，难道，留下怀疑会是我的第一选择？

还是应该提出这一"不确定的原则"？

对于我们这些动物来说，面对始终无法解开的谜团，我们的聪明程度足以发现问题，却没有相应的智力去解决它们。

哲学家们太自负，至少其中的大部分如此，所以他们坚持认为，光有理智就足够了，它能保证思想的正确，指导人生，让人类停下流浪的步伐，熄灭非常态的燎原星火。

归根结底，这又是一种疯狂，因为真相孕育的热情，会带来光明，却更令人盲目。

爱那丝一般的身体

热衷真相、主张、空想，不如去爱那丝一般的身体——会想会说的血肉之躯。

建议别人去爱是荒谬的。

这无关告诫，也不是可以给出或者接受的建议。

冲动从每个人的内心而来，是呼吸、进食、睡眠一般的基本需求。

只是内在已表现为外相。

爱让每个人给自己松绑，为了和他人连结，必须如此。

独自呼吸、离群而食、无人共眠，都有可能。

但爱不行。

爱总是存在于自身和身外，他者为先。

爱是颠倒一切的谜语，

是怀疑、无知、理智的反面。

爱着的人显而易见，

生活已经给定，

谁也不知道是怎么给的，也不知道是谁给的，

就放在那里，

没有对立，没有反面，

唯一不死的方式。

爱与生活既不是两个动词，也不是身体的两种状态，它们合二为一，同等强烈。

这就是为什么，关于爱，哲学家们说不出任何有意思的话。

这不是属于他们的知识。

爱无所反驳或解构。

没有论据、预设和演绎。

只是明显的事实，

比言语更强大，甚至让温柔也变得无理和暴力。

哲学家们应该放过爱，归根结底，他们不懂爱。

爱，豪奢到无可理解！

自古以来，诗人、艺术家或任何人都见证了这一点，除了理论家。

关于爱的理论让人发笑，像打湿了的爆竹、坠落的热气球和哈哈镜。

没有比用老子的名言"知者不言，言者不知"形容爱情更合适了。

当然，爱让人说话，滔滔不绝，但说的话都与爱无关。

关于爱，没什么可说的。

我们真不知道为什么爱，爱的时候

究竟在做什么。

不如不说。

"你为什么爱我？"总有一天，有人像这样问你，但很难这样回答："说实话，我都不知道。"诚实的回答，却令人不悦，甚至弱不可闻。

这是一种难以忍受的无知，怎么能对压迫我们、让我们心慌意乱又让我们狂喜的东西一无所知？

如何承认生命中最大的欲望会突如其来，和我们不期而遇，又以我们无法理解的方式，悄悄地留下，慢慢地发展，甚至有时无声无息地消散？

爱有自己的生命，完全属于我们却又形同陌路，让人想到——这念头很奇怪——某种传染病或者病毒，它改变了我们，"我"与"非我"同时存在。

对于宣扬生活要受理智控制的人来

说——哲学家们难道不都梦想着这样的生活？最困惑的是，爱与理智彻底无关，不远不近、无法计算、不能举棋不定。它崇高而又愚蠢，爱是感觉、梦想、愿望、想象、投射、拼凑，但不能思考。

至少不能有条理地思考。

爱由极端、差异和悖论构成。

甚至可以说，爱没有真正的内容、核心和性质，而它无穷的力量正来源于此，两人之间的纯粹，纯粹的连结。

这就是为什么在关于爱的千言万语中，依然有恨。

不知所为，自抱幻想，爱就犯了错。

爱之中矛盾重重。

昙花一现，却自以为无限永恒。

需要倚傍，却自以为独立。

　　有人会对你说，你所爱的这具身体
在今天美丽、诱人、润滑、光泽，但同
一具身体在明天很快变得枯萎、褶皱、
松弛、丑陋。你现在爱它，将来不会再
爱它。

　　另外一个人会对你说，表面看来，
被爱的身体光鲜夺目、魅力无限、激发
欲望，你沉迷于肌肤的香气、纹理和色
泽，不会想到皮肤里面的鲜血、内脏、
体液和排泄物；你爱的只是一个表面，
一副外在的相貌，一层皮囊。

　　又来了一位粉碎幻想的人，第三个
讲理的人，他将对你说，你什么也不
是，对方也如此。你以为爱的是她独一
无二的光彩，你以为在那人眼中无人能
比，这其实不过是种族繁衍的伎俩——
一件关乎荷尔蒙、基因和自然循环的事
情。知晓内情的人捂嘴偷笑，感情就是

一场骗局!

这三位冷嘲热讽的人说法不一,但有一点是共同的:揭发了爱情当中的一个幻觉。

每一次,现实的部分总被错误地看作全部。

按第一位的说法,你看到了现在,却忘记了时间的残酷,令人失望的明天即将到来。

第二位坚持说,你看到了表面,却忘了内部:身体被隐藏的那面,讨厌的两肋,被掩饰的肮脏。

第三位信誓旦旦地说,你自诩自由而独特,认为激情只关乎你和你的爱人,却无视本性、生命的机制和在你身上骚动的隐晦力量。

因此,在这三种情况下,纠正错误就在于让部分重归整体,将当下编入岁

月的长河，把表面的美纳入有机整体，
令爱情故事臣服于物种延续。

　　无论代价如何，为了不受骗，为了
拨乱反正，望向别处，更远，更高，采
用另一种观点。那么，爱之错最终会在
真知中消融。

　　诸如此类的观点无关紧要，只是下
流的报复、卑鄙的蠢行。

　　任何从外部来看待爱情的尝试注定
会失败，

　　至少对曾经爱过的人是如此。

　　最初的错误，是认为爱侣不仅能接
受争论，也能从爱中脱身一秒。

　　我们当然可以尝试从外部去观察恋
爱中的他或她，不被其激情感染，惊讶
其盲目，为其愚蠢、天真、淳朴而欢笑
或流泪。

　　但这只有在一种条件下才有可能：

置身事外，远离其爱。

相反，身在爱中又置身其外是绝对不可能的。

这就像不可能同时在一间屋子的内外或在某个人的脑海内外。

当然，我们可以停止感受，发现必须把昨天还活着而今天已死的爱束之高阁，这让我们在夜里呼喊，有时还能要了人的命，或引人发笑。但一般说来，最终伤口会结痂，但这个过程是内部的，爱情由内而发，增长或消减。

爱从来不是由外而至的事，更不是一次辩论的结果。

那么，如果我只有一个小时可活，我会叫喊说，爱是世上唯一值得的事；我会像被纳粹的子弹击中前的抵抗分子那样大喊："乳房万岁！"我不在乎某些人将此视为疯狂、幻想、错误。

因为爱的迷乱是我们唯一的港湾，没有限定，没有外来。

众多错误中唯一的力量。

如果爱，你会为几丝皱纹而停止爱对方吗？相反，对方的身体随着时间的流逝而发生变化，这会让你感动、心软，它们不会让你生厌，更不会让你停止去爱。

假装厌恶，好像有奇怪的分界。

我爱你的眼，却不爱你的阑尾；我被你的声音融化，但你的肺叶让我恶心。

我们到哪里去寻找这些荒谬的限定？

爱包裹一切，耳垢、排泄物、指甲屑、死皮和头发、小脑和胰腺……

任何保留在这里都很荒谬。

爱从不挑拣，无视日常生活中的区分："干净"或"肮脏"，"高尚"或"卑鄙"，"富有"或"贫穷"。

可能会有喜爱和憎恶、吸引和排斥、欲望和拒绝。

这终究是一个误会。

渴求的身体，做爱的身体，而不是做运动、弄园艺、接受医生检查的身体。

爱的躯体被改变了，辉煌、永恒、半透明、强大，十分神秘和肉感，远离有机的身体，无可比拟。

感同身受者承认爱的躯体与有机身体之间有天壤之别，不再听信任何讥讽的论调。

枯萎的老妇对如花的少女没有任何微词，排泄丝毫不影响羞貌，物种繁衍的伎俩与爱人的激情也不会背道而驰。

本来就不是一回事，这是彻底不同、完全分离的世界，没有任何交集。

不忘恨

生活中还应该不忘记恨。

如果只有爱，世界可能会更简单。

然而……

然而这显然不是我们所认识的世界，唯一真实的世界。在这个世界里，仇恨也根深蒂固，呈现出各种面孔。

想摧毁，

想撕裂，

一心想着破坏，

世界形成之时就想拆散一切。

老恩培多克勒①（Empédocle）说得对，爱与恨是宇宙空间的两大对立。

_____

① 恩培多克勒（约前495—约前435），古希腊哲学家。

一个促成统一、拉近、连接、聚合、集纳，吸引着远离的元素和存在，具有连接的力量；

另一个是隔离，松开，解除，分化，远隔，驱散。

在这两种力量之间，冲突无休无止。

世界的转变、出生与死亡、和平与战争，都源于它们永恒的斗争。

弗洛伊德①（Freud）赋予了这个古老的直觉以新的维度，将爱（Eros）与死亡（Thanatos）看作人类心理世界和文明史上的相斗力量，分别代表结合与分解的过程。

相信可以永远摆脱恨或者诋毁恨，在所有情况下都把恨说成坏事，这是大错特错。

_____

① 西格蒙德·弗洛伊德（1856—1939），奥地利精神病医师、心理学家、精神分析学派创始人。

必须承认，恨的快乐和爱的快乐一样存在。

毁灭的快乐是人类本质的组成部分，是我们最为私密的所在。

不承认它，我们就犯了大错。

提议封堵破坏之快乐的人，出了个坏主意。

我最喜欢的英国作家之一威廉·黑兹利特①（Williəme Hazlitt），在《仇恨的快乐》中写道："当坏人会有一种邪恶但幸福的快乐，因为它会给人以永不枯竭的满足感。"

不用逃避这种满足感，甚至强调，恨是一种超凡的驱动力，奇异的促动器，不容小觑，不容否定。关键在于了解如何接受仇恨，甚至加以利用，而不受其操控，从而毁灭一切。

----

① 威廉·黑兹利特（1778—1830），英国随笔作家。

我不会像黑兹利特那样，甚至像弗洛伊德那样想："一个人最大的善行在于将他所能造成的伤害推迟到下一次。"但我认为有必要揭示类似卑鄙的行为，因为这会让我们觉察到其反面。

过分而疯狂的确信会引起相反的意见。

人们肯定，生活可恨，举世不幸，祥和难寻，信任不在……这让人忍不住想笑。

没有人会相信这滚滚而来的黑暗，但它能唤起对光明的注意。

因为黑，一切皆亮！

尽管消极好了，总会有几分欢乐渗出。

事实上，没有任何方法，可以永久留在一面或者另一面，无论爱和恨、光明和黑暗、快乐和痛苦，或是其他。

因为对立总是同时存在。

用古希腊哲学家赫拉克利特①
(Héraclite)的话来说："上坡和下坡就
一条路，同一条。"

当你爬坡的时候，你要攀登；对于
反向而行的人，或者对于归途中再经过
这条路的你来说，这条路往下倾斜。

显然只有一条路，却引起两种相反
的判断，且两种都基于现实。

不要只相信我们之外只有一种现
实，时而黑暗时而光明，这就要看你是
悲观还是乐观，仿佛现实的两面只依赖
于我们的目光或者心情。

唯一的路在同时上行和下行。

不是我们的观察方式产生了分歧，
而是现实本身就存在着两种表象、两个
侧面、两个方向。

因此，一分为二是不可缺少的练习。

———————

① 赫拉克利特（约前540—前480与前470之间），
古希腊哲学家，爱非斯学派的创始人。

　　然而，这种思考方式不是自发形成的。

　　相反，我们往往会先看到事物的一面，只考虑世界的一侧。

　　这人眼前一片黑暗，他的邻居却玫瑰人生；某些人被仇恨、忧伤、绝望充盈，另一些人却沐浴在快乐和幸福之中。

　　始终并且同时看到生活两面的人很少。

　　然而，没有什么比片面的视角更迷惑人，没有什么比说出"这是善的，所以没有阴影""这是恶的，所以没有光明"之类的话更鲁莽。

　　世界不是这样行进的，

　　而是永远由黑暗和阳光梭织而成。

　　关于这种压力，不仅要看清，还要肯定、忍受、随身携带、学会与之共处。

说服自己，世界是一个大整体，这也许更简单、更心安。

但保存世界的压力，每个动作，每一刻都让它重睹，这更有趣、更让人解脱。

一切皆美味、平和？为什么因此否认世界的不幸，否认痛苦和恐怖？绝望袭来，为什么让快乐、甜美、温柔消失于天际？

没有什么能克服对立造成的这种压力。

想摆脱解决冲突的辩证法是徒劳的。

它可能会发展、变形、借用新的形态，但绝对不会从此消失。

当然，不时会此消彼长，但"此"不能消融、包裹"彼"，也不会让它消失。

压力始终存在。

压力即现实，不能被克服，不会被消除。

如果有一天，某个方面占了上风，某个元素一统天下，我们就会在一个完全不同的世界里踉跄失衡。

所以，我看到的是，我们处在一个永远充满对立的压力世界里，相对的力量之间的冲突永远不会停止。

我知道，我们注定要永不回头地消失，没有任何接近崇高知识的可能，始终远离绝对真相，最初的也是最后的真相。

这不可能是快乐的，

而可能会显得让人绝望，如果绝望也能带来快乐。

我讨厌哀叹、沮丧、沉溺忧伤、自怨自艾。

死胡同可以变成通向轻便之路。

不可知也许会成为快乐的来源，世界的压力是智慧的来源，荒谬是快乐的源泉。

在普遍怀疑、难以确信、参照缺失之中，不管怎样，看似非真，依然有指向生活所在的罗盘存在。

最好、最完美的生活，不仅要"过得去"，而且要美好、诱人、有趣。

选择生命

无论何时，无论何地，选择生命。

尽管虚无，尽管死亡临近，不可能什么都没有保证，

带着爱和其他力量，

这是唯一的出路。

某一天，时隔已久，和哲学家朋友一起，我们玩了个游戏。

假设我们中的每个人都能重活一次，重走来时的路，重过和过去完全相似的生活（当然，在此期间的所有记忆都被抹去），重新经历失败、折磨、担心，也重新经历快乐、发现、惊叹，我们会说"好"还是"不好"？

　　没有一秒钟的犹豫，我的回答是"好"。

　　我愿意再次经历我的生活，什么都无需改变。

　　让我大吃一惊的是，那天在场的哲学家朋友中多数人回答了"不好"。

　　这些人以幸福为己任，只有嘴上功夫，声称可以为他人提供建议，而一次生命对他们已经足够。

　　再来一次，他们受不了了！

　　那天，我明白了他们有多么憎恶生命，拒绝生命。

　　他们已有的经历让他们相信这毫无必要。

　　如果我回答"好"，那是因为生活本身在我看来始终诱人，神奇到难以置信。

　　白白地赠予，不断更新。

无穷无尽的神秘礼物袋。

这么好的事，我永远都期待，甚至想重新开始。

我不知道我的生命是否能小结为"整体积极"，如同共产党人对苏联体制的评价。

但它像所有的生命一样，想自给自足，只能渴望，努力重新开始、继续、追求，永远不断。

我始终会是第二次生命的接受者，

第三次，

第四次，

无数次的存在，

像我经历过的生命一样的生命，

一样的快乐，

一样的痛苦，

我照单全收，

再来，再来，再来……

与生存捆绑在一起的，是一种欲望，像斯宾诺莎（Spinoza）[1]所描绘的：无尽的欲望，凶残、低沉、贪吃，要了还要，无节制、无规律的顽固，有着一百种形态，一千张面孔，为了存在，几乎无所不能。

其凶残是关键的，但"几乎无所不能"中"几乎"同样也是。

永不生锈的欲望让心灵能承受至恶，历经折磨、疾病和不幸。

没了这种原始欲望的坚韧和疯狂，人一遇到小病痛、小悲伤就会和生命告别。

然而不是。哪怕一无是处，哪怕一切变得痛苦、沉重、彻底无法承受，被

---

① 巴鲁赫·斯宾诺莎（1632—1677），犹太裔荷兰籍哲学家，近代西方哲学公认的三大理性主义者之一，与笛卡尔和莱布尼茨齐名。

野兽抓住不放，咬紧牙关坚持。

野兽会紧紧抓住生命不放，例外极端罕见，一切都错乱到只能自杀或者甘心被杀的情况并不多见，残酷地杀戮而求自保也并不多见。

然而，与生命之间的联系不仅关乎我们自己的机体，在任何情况下，我们的生存都不是它的第一选择。

这个联系还关乎他人。

我们从来不知道哪一方会胜出，我们，还是他人？在某些时刻和情形下，它们纠缠不清，难以分清。

如果不是这样，我们就难以理解海上救援、火中求生、地震海啸时的团结一致。这样的例子数不胜数，人类愿意冒着生命危险去拯救同类，尽管对他们的生活却一无所知。

在这些情形下，没有人会提出疑问。

没有人会问："这些人是谁？他们值得活下去吗？我应该为他们奋不顾身吗？"

孩子就要掉落井里，路人看到了，冲过去抓住他，不会想这是谁家的孩子，为什么在井边玩耍，不会就伸出援手是好事还是坏事大做文章。

这是中国的哲学家孟子①（Mencius）所举的例子，发生在公元二世纪，他已经发现类似的问题太过低级，没有存在的任何空间。

路人冲过去，扑向孩子，没有思索，几乎不用考虑。

在其他情形下，大多数的人都会这么做。

_____

① 孟子（约前372—前289），战国时期思想家、教育家，儒家学派的代表人物，与孔子并称"孔孟"。

人类之间的联系战胜了主观性、自我封闭和自私。

这让人明白，在很多情况下，我们自身的生存退居二线，生存、利益、舒适被放到一边，死亡不值一提，最多只是行动的副作用。

救援如此，那么多的战争、抵抗、武装冲突、政治或宗教斗争，无论是古代还是现代，也是如此。

几千年里，人类不停地营造着在他们眼中超越个人生命和个体生存的存在理由。

做奴隶，不如死。

被侮辱、被征服、被占领、身份不明、低声下气，不如死。

权利、信仰、荣誉、自由、自尊被剥夺，不如死。

万变不离其宗：活下去的理由战胜

了对生命的剥夺，无论信仰、战争、时代、背景如何不同。

在这最基本的要求之下，是否该看到人类疯狂的迹象？一个古老的教条让人深信不疑，它一再强调，没有一个念头值得我们为之丧命。

人们将得出奇怪的结论：思考者不会再相信，最终都选择躲藏、闲适，战胜幻想和异想天开，明智、安全、远离海市蜃楼。

然而，这样的生命懦弱、恣睢、灰暗。

它自以为更加人性，却以冷漠为代价，失去了尊严。

我看到的不是这样。

人类
因疯狂而伟大

必定疯狂，无一例外，而这就是人类的命运。

尽管把宗教狂热、政治臆想、革命要求、世界体系归诸荒唐行事好了；尽管批评迷信、所谓的发现、伪装的魔法、乌托邦、完美世界、胡言乱语般的正义有多可笑、多失真。

说得都对，但这种疯狂没有出路。

更糟糕的是：理智本身也是疯狂的表现形式之一。

相信我们全部的生活受理智驾驭，任何非理性都可以被消灭，不过这又是一种疯狂。

帕斯卡①（Pascal）早就知道："人类必定疯狂，再来一轮疯狂，让他们变得不疯，也是荒唐之事。"

然而，应该重新研究人类疯狂这个古老的话题。

平庸、共同、普遍的疯狂。

在伊拉斯谟②（Erasme）、帕斯卡等一伙人看来，和人们遭受的某些折磨不同，疯狂被错误地遗弃了，理智占据着舞台。

理智因夸大的力量而遭到批评，非理性的古老言论并没有因此而复兴，尽管从古代到文艺复兴，对非理性的思考不曾停止。不过，关于人类的疯狂，我

---

① 布莱士·帕斯卡（1623—1662），法国数学家、物理学家、哲学家、散文家。
② 德西德里乌斯·伊拉斯谟（1466—1536），中世纪尼德兰（今荷兰和比利时）著名的人文主义思想家和神学家。

们从来不应该感到厌倦。

理性单调，很快令人厌倦，尽管它目标远大、力量宏伟，或恰恰因为它目标远大、力量宏伟。

可是疯狂，多么美妙！层出不穷、巧妙绝伦、推陈出新、各式各样……

理性是一，疯狂无限，

其形式、表现、装扮无穷。

于是，要从这样的角度去打量人类：醉得胡言乱语，在梦想和幻象中惶恐，不惜尝试卑劣的欺骗，热衷附和黑暗的蠢行。

轻松地活着的条件：在观察人类时，把最高尚、最可敬、最有名的，包括重要的机构、盛名在外的英雄和伟人都看作一堆可怕的疯子、狂人，惊慌失措的精神病患者；把天才当傻子，把发明家当病人，把所有领域的王者都看成危险的神经错乱者。

这是方法所在。

当然有点偏激，不言而喻，所以得小心操作。

这方法保证我们不会一下子就被天真的崇拜拐走。

最值得崇拜的，首先是那个不断说出胡言乱语的天才——他力量无穷，打造新幻象，粉饰旧错觉，否定矛盾，拒绝现实，抹杀常识。

如果说人类有一个共同点，能穿越世纪，跨过语言，无视技术发展，那就是虚构和创造假想世界，并或多或少生活其中，脱离真实的能力。

人们永远这样，惊恐、蹒跚，眼望星空，腿在水中，用一双脏手摸索着行进。

这些疯狂的猴子，太过聪明，明知

自己命运奇怪，不够聪明，看不清其中缘由。这可怜的动物，物种高贵、可笑、爱捣乱、友好的杀手、犯罪的使徒，我爱他们，从不厌倦。

我是人类的饕餮之徒，对无休止的疯狂有着难以满足的胃口。我并非真正喜爱他们，因为我还不是虔诚的基督教徒，但我不停地渴望他们大批制造的巨大的惊喜。

如果我只有一个小时可活，我会贡献出片刻来重申，人类是疯狂的，他们诋毁存在，拼凑一切：关于世界、来世、善和恶、真和假、生和死，诸如此类的主题；无数乌烟瘴气的理论，荒唐的假设，草率的解释，战战兢兢的确认，罪恶的信仰，时而可怕时而可笑、有时既可怕又可笑的学说。

我当然不能从这无所不容的庇护所

中抽身，更别说宣称自己遗世独立、身在他乡，带着莫名其妙的高傲与蔑视。

我不会居高临下，以清晰的智慧，蔑视我盲目的同类们结队蹒跚而行。

相反，我承认，我也在胡言乱语，自古以来，人皆如此。

我甚至要追回疯狂这一成为非理性动物的条件，因为它无法超越、不可救药。

与所有期待相悖，疯狂构成了伟大。

我们无法脱身而出，因为人类的认知能力存在根本缺陷。

不知道，所以我们一直在想象，用幻想、噩梦和乌托邦填满知识的黑洞。

人类的伟大、物种的特点、它可怜而又伟大的天才就在于此。

没有人能躲过这绝对的需要：打造

幻想，撰写神话、历史，画图格，作诠释，创造意义的机器。

这些机器开足马力，以伟大的方式运转、停转，历史由此建构，没有任何进步，却完全不同。

打造神话的执着从何而来？是什么逼迫人类无法抑制地虚构，以接近真实？

关于这个主题，我有一番胡话可说。

在我看来，人类不仅仅在相互说话、互发信息，他们还想为说而说，为接收而接收。

这样的态度尽管随处可见，却不容易被描述。

也许应该说，有个缺席的对话者，带着无限的标记，闯入我们的思想。

不一定是某人、一个人、一个形

象、一种意识，更确切地说，是超越我们所有经验、言语和关系的一种维度。

在妄语般的故事中，人类总是在无限和缺席中现身。

人类，只有他们自己，在这真实中心的洼地相认，其他任何物种显然都无法到达。

紧密世界中的这个空洞也可能很美。

永恒与美好
是孪生兄弟

永恒和美好关系密切。

说到底，全体人类都如此共同、频繁、重复、完全不是习惯使然地觉得地球很美，这又有什么奇怪的呢？

在这极普通的激情之中，藏着一个谜，古老而现实。难解之谜，也许永远无解，却也不能被忽视。

一点点就够了，落日，云影，山间的晨曦，潮汐的粼光，湛蓝、绯红、棕褐、铁灰色的天际，茂密的森林，干旱的草原，橙色的沙丘……

丰富、常见、无穷的全景，引起了强烈的赞叹，告诉我们，某种不知名的东西超越了我们，熟悉又令人惊奇，一如世界的美始终令我们叹为观止。

一见倾心，百转千回，时而折服，始终震撼。

"太美了！"人们在自然面前的赞叹充满神秘，虽无法解释，却肯定了美感与世界之间最原始的联系。

什么也不能阻止人们这样想：我们可能会觉得地球面目可憎，对它无动于衷，只有人类的杰作、艺术创作或精彩表演才能激动人心。

事实上不是这样。

相反，在自然、大地和宇宙面前，我们总那么惊愕。

树林、星系、黑洞、河谷、极光、幽僻港湾、白色小矮人、红色女巨人……

这一切，让生活动荡显然不值一

提，日常忙碌终究微不足道，忧心忡忡
显得幼稚可笑。

每当我们面对无限、瞥见深渊，离
我们最近的物质不动声色、无法接近、
怪得惊人，某种眩晕式的鉴赏成为可
能，时而变得清晰，

关于永恒的想法，

运动着、变化着的永恒。

不变的特征，有悖常理，诞生于永
久的盘旋。

如何解释？

到了语言表达的极限。

应该隐约看到，一切都不动，一切
都不变，而与此同时，一切都在躁动、
爆炸、喷溅。

革命周而复始

回顾人类历史，应该想象"革命周而复始"，如天体一样。

年轻时，我曾经相信，革命是件好事。

我狂热地梦想，不止我一人，有可能发生一场彻底的颠覆，在嘈杂中走向幸福。

世界的基座将被更换，理智的火山雷鸣般咆哮。

我们必须砍掉几个头颅，就当它们已经腐朽，以拯救普罗大众。

我现在的想法已经不同。

善良的蒙田，如此温和的男人，生

活的导师，他智慧的建议、伟大的功绩
被日夜称颂。他曾说，已经建立的习
俗，哪怕不公正、非理性，也好过废除
这一习俗带来的莫名风险。

那么，约定俗成的、历经世纪锈
蚀、已被众人适应的破旧法则，也胜过
所谓经过精心设计的新生事物。

新法则的执行会扰乱现行事物，带
来无法控制、可能是毁坏性的影响，甚
至造成尸横遍野的惨剧。

这个最好没有变化，这个念头或许
令人震惊。

在我们内心深处，在寻常的判断
中，总是坚信应该行动起来，认为进步
是可能的。

与蒙田的这一观点如此接近，最初
让我诧异，甚至觉得可耻，仿佛突然之
间成了我厌恶多年之人。

但我坚决认为，要小心反叛小心它的乌托邦、激烈的梦想和破坏的势态，

然而也不能由此成为保守者，

因为从来没有人真正愿意事物一成不变。

在不平等、不公正的世界里，将墨守成规神圣化，将变化发展妖魔化都是愚蠢的、不负责任的。

要避免不必要的破坏性行为，又希望发生不造成损失的变化。如何划清它们之间的界限，这才是难点所在。

有时，划清这样的界限显然没有可能，或被误解，被胡来。

因为，人类始终年轻。君不见，生命不断诞生，心智的成熟不像客观的科技知识，能被积累和传递。

当然，我们也看到了团结、安全体系、相对和平区域的构建。但在我看

来，那很脆弱、短暂，主要是地区性的。

例如现在的欧洲，可能是历史前进中的附带物，疲倦和病后初愈的气泡，疲惫者的休憩地。

欧洲之外，也就是说，几乎在全世界，战斗的法则依占上风，暴力横行，只是人类错乱依旧，毁坏力却前所未有。

我应该自我安慰吗？既然剩下的时间不多，我将逃过所有这些痛苦。

并非我甘心继续承受永恒的人间惨剧、结不了疤的人生创口，而是我想到了一股新兴势力带来的恐怖。

清单冗长，众所周知：变异病毒大流行、核事故、篡改基因、狂热崇拜，生态、生物多样性，气候、食品、卫生系统破坏……

我憎恶唯灾难论，想到众多同代人沉溺在担忧之中，我感到恶心。

我喜欢技术，相信技术本身既不邪恶，也不荒唐。

看到那么多弱智的斗士们混战一团，我有时想大喊："转基因万岁！纳米技术万岁！核技术万岁！页岩油气万岁！"

这可能是一种愚蠢的反应，因为技术显然不是万无一失，但也不像已行动起来的、不辩论也不查证的反对者们所说的那般可怕。

我所担心的不是技术，事实上，技术是中立的，总体而言是有益的。

我担心的是人类。我认为他们总体而言是无知、轻信、错乱的，目前是技术给了他们前所未有的力量。

感觉由此而来，科学进步而世界退

步，文明拓展而野蛮扩张，交流加强而
谬误坚挺。

畏惧由此而来，前途黯淡。

什么都不能排除屠杀、前所未有的
对抗和恐怖。与之相比，已有的罪行不
值一提。

我可以祝愿人类延续、平和、理
智、教化。

但我对此半信半疑，无法排除全体
沉沦的可能性。

从这个意义上说，看不到电影的结
局可能是一种解脱。

然而，什么都比束手就擒、仓皇而
逃要强。

能不能不要只说"是"或者"不
是"。

拒绝是由千般辉煌点缀的。

关于"说不"和关于抵抗的神话唾

手可得，但思考并不仅仅是"说不"，

也是接受事实、现状和简单的行为，停止反抗，甘于被淹没。

握紧拳头的拒绝，心平气和的接受，留下的始终是"是"和"不是"。在我看来，应该还有别的出路，不取消也不合并"是"和"不是"。看得更远，望向别处：一个对生命或死亡，人们既不说"不"也不说"是"的地方。

找到某种东西，某种"就是这样"，我感觉已经靠近了它。

在那里，

并没有路，

只有对另一种清晰的期待。

现在我到了
尽头的尽头

我知道，现在，我到了尽头的尽头。

最后一小时的练习，死亡边缘的逗留，比现实更有揭示意义的假想，因为真正处于弥留之际的人根本无法思考。一切已成定局，拐弯抹角，歪道斜行，侧转迂回，而他已出局，或被撂在一边。

相反，我不愿意错过与死亡的对阵，唯一的办法是提早准备。

问题不在于死亡的现实，而在于我们对此该如何思考。

但是，关于死亡，我们想得愈来愈

少，宁愿转开目光，谈论别的，忙于旁
骛，只要能够阻止自己反思死亡。

虚假的无忧无虑，不是遮掩死亡，
而是对于生活本质的无视。

只是这一次，我知道死亡会来。

都结束了：哲学，关于学会死亡的
思考、从容、对智慧的漠视和片刻的圆
满。

我只想哭，平静地，躺在大地上，
不用力，瘫倒，不喊叫，一言不发，空
无一念，没有所谓的激动，不带任何情
感，毁灭，落地，一动也不能动，几乎
失去思想，几乎物化，被上苍碾压，扁
平、力尽、瘫痪、被掏空、垮掉，仿佛
被拳打脚踢，头部受重创，没有头颅，
思想空白。

一片空白，什么都不剩，除了躺在
地上不动，没有力气，化成液体，漫延

开去，尚未死去，但也不再活着，寂
静，静止的寂静，沮丧，一滴眼泪，甚
至没有一滴眼泪，没有更多眼泪，耳
聋，迷失，长时间如此。我不知道，不
再知道，也许已经没有时间概念，还有
一刻，最后一刻，最后的最后一刻，一
切都迷失了，失去意义，真的消失，然
后……

时间，这一次，我不再有。

期限已到，它来了。

我清楚地知道，自从我们出生，无
论做什么，这一刻总会到来，一开始我
就知道。然而，我不可能知道，

因为这种确信没有内容。

我知道我会死去，却不知道等着我
的是什么，意味着什么，还会发生什
么。

这是假知道，所谓的了解，其实什

么也不清楚。

这是最奇怪的情形。

我们每个人都会死去，第一次也是最后一次，在此之前不知道死究竟是什么。

哲学家们让我发笑，他们带着荒谬而陈旧的"学习死亡"计划，仿佛这件从不重复、不可传递的唯一经历是可以学习似的。

死亡是学不会的。

任何意义、方式之下，死都不可能成为某种可学习的对象。

唯一可以考虑的，是准备整饬容装，自我约束，庄严地经历至高无上的考验、最后的抗争和所谓的弥留之际的搏斗，这个词令人想到战争和对抗。

久远的传统将死亡看作是真实、关键、决定性的时刻，如蒙田所言，是

"看到罐底"的那一刻。

对我们而言，生的寓言淡去，没有人能成功突围、英雄般地谢幕。我们将意外死去，靠边站，悄然离世，没有火花，没有战斗，也没有光荣。

一家医院，一堆针管，走廊尽头的一道门，没有窗户，弥漫着消毒剂的味道。

完全不像文艺复兴时期，濒死者的房间里站满了人。

有人要死了？在这间屋子里，二楼，转角靠窗？所有人都会进去，围着临终者，瞧上一眼，七嘴八舌，支持战斗。

到了今天，谁还会说："来吧，有人要死了，我们去转一圈？"

最大的困难，是在否认和绝望、困扰和解除之间准确地定调。

因为一切都游移不定。

要么相信，死亡不存在，被忘却、取消、抹去，我们像神一样不朽；

要么尝试着注视死亡，眼泪滚烫模糊了视野，打乱扭曲空间，死亡引起腹部剧疼，恐惧至极。

很快，我将再也看不到阳光和黑夜，再也听不到爱人的呼吸、朋友的声音、晚潮对沙滩的低语、大风时巨浪撞击岩石。我的皮肤再也感觉不到那个女人的温暖，她分享了我的生命、也和我分享了她的生命。我不再快乐。

结束了，狂喜、滋味、香水、念头、语言……

呻吟、咬紧牙关、恐惧大叫……

徒劳无益，当然如此。

因为忧伤的愤怒不会让大限延迟一秒。

哀歌为自己而唱，我只看到自己。

可怕的命运，围着我的肚脐阴郁地绕圈……

其他人的生命还将继续，我的亲人，同胞，所有的人类。

巨嘴鸟和狗、深海怪物、帕尔玛的狐猴和紫罗兰都还活着，甚至包括火腿。我不知道该笑还是哭。

真正的困难，在于尺度。

用以平衡的工具，能确定恐慌和祥和的剂量，走向无穷。

我想我已经失去。

或许我从不曾拥有。

不该相信别人的话。我的话，我想让人相信的话，我自己深信不疑。但到了某一时刻，不，我不平静、不祥和、不确信、不安心，这一切都不是，完全不是。相反，相反，迷路、晕头、无助、丧失，无法经受考验、震惊，魂不守舍，无法平息游戏，保持稳定、理性、一致、平顺……

我滑倒、松懈、失控、深陷、沉溺、厌倦、惊恐；失去了脚、头、呼吸；找不着北，我的思想、现实的意义、胃口、重量、生命之线。

很奇怪，文字涌出，自言自语，和我毫无关系，就像这样。完全独立、自动，我几乎毫不知情，不对，不能说毫不知情，因为我看着这一切发生，只是没有主动介入。好吧，我想说的是，不是我决定、选择、指挥或控制。事情就这样发生，本质上，这几乎就是一个平静的开始，它自行其路。我没有刻意锻造，一系列语句在自我建构，自我首尾连接，并将开始让人安心。

是的，让人安心。

如果我还只有五分钟可活，我不会

叫来任何一位圣人。

不会招来神甫或牧师、拉比或伊玛目、喇嘛或祭司，甚至不叫一个医生。

我不相信他们的祈祷，也不相信他们所谓的力量。

我准备好了永远消失，假如在这之后什么也没有，没有来世。

我对此一无所知，也意识到这种无知。我知道我在假设，我给予的是答案，而不是证据。

可能，突然之间，我很快会大吃一惊，尽管，我不认为事情会与我坚信的有所不同。

我什么都不怕，无论是判定还是惩罚。我不期待任何报偿，认为自己已没有希望，也没有恐惧。

出于诚实考虑，至少加上"在那一刻"。

顺其自然吧！

在宣称死亡的那一刻，确信能真正掌控一切，不僵直，不颤抖，不向他人求助，这样的人是在说谎。

我不想说谎，无论对人对己。

可能，到了最后的时刻，既然总有一个人要说话，我先说吧，轻声地，对我的亲人们说。

对他们每个人说几句话。

对我太太说，我爱她胜过一切，我对她的爱比她知道的还要多。

对我女儿说，我为她骄傲，为她的今日而骄傲。

对我姐姐说，和她永远保持默契，即使道路不同。

对我的双亲说，他们给了我自由，在这一点上，他们是完美的。

对保尔说，他是我不曾拥有的兄弟。

对克里斯蒂安说，他消失得很体面，只是太早。

对其他几个人，无声的呢喃，秘密的温情，我不在此展露。

在我生命中出现的人们，仿佛隐秘的星座，不管在与不在，和他们告别之后，既然没有神明可以诉说，我试着转向他人，所有已出生或将要出生的人。由于写作这魔法，在我之后能读到这些文字的人。

我对他们说，生命丰富、丰盈、总是内容满满；生命多样、不可预见、对比鲜明、层出不穷。

当它显得疲倦、荒芜、焦枯的时候，它会重新找到源泉。

它永远值得选择、保留、创造。摸索前行，一无所知，不怕扰乱、破坏和拖延。

幸运的是，生命没有不可触知、永恒不变的秘方、告诫、规则，我们只能满足于跟随和执行。

每个人必须创造、摸索、决定、确信，在怀疑或战争的烟雾中，征服偶然。

如果我还有几秒钟，既然已差不多说完了我认为最重要的话，扫开了煤渣瘴气，句子成行，浓缩了经验和思想，组合了法则的碎片——脆弱、可疑、可笑然而坦诚的法则，让别人去选择、恶意评论和继续，我差不多到达了终点。

我没有时间为自己写悼词，我很遗憾，因为我不相信报纸。

但我还是可以草拟我的墓志铭。

我希望它配得上我伟大的成就，能够描述一个男人的一生，他在风险的丛林中开辟出道路，用他的直觉，将偶然转化为道理，从果核中取出种子。

　　他总有惊喜，发现久被隐藏的自然
果实，尝到新鲜的滋味，奇特而甜蜜。

　　想到"他知道怎么选甜瓜"，

　　我很开心。

知道如何活着

这个问题看上去很复杂。

很长时间里，我相信确实如此。

现在，我觉得事情并非这样。

相反，这极其简单，

答案不依赖于任何推断、设计、天长地久的工作。

知道什么是善，理解如何待人，归根结底，无需任何斟酌，甚至想都不用想。

答案很明显，如同天空的颜色、风的力量、火的炎热一样明显。

我花了很多时间，才明白事情原来是这样。

没什么需要理解，一切都有待于感知。

美德，被古希腊的哲学家们，首先是苏格拉底，以及之后所有人一遍遍重申的美德，是不可证明的，从来无法演绎推断，也不可能被推断。

它就在那里，由内心经历和感知。

出于幻想，人们曾相信美德关乎理智，是三段论得出的结果。

其实，美德是一种给予，一个出发点，像动物一样，由呼吸、睡觉、看见，一句话，由活着组成。

活着，对人类来说，意味着与动物界结构不同的一个有机世界。

在身体世界中，还有他人的位置，他人的存在。

与他人之间的距离——近、远、过近或过远，都有其重要性。

但商议到最后，也无法制定、衡量或修复什么。

冷血地杀人、强奸、侮辱、抢劫，是我永远无法做出的行为。

伤害一具躯体的完整性、杀死一个灵魂、背叛一种信任，尽管有时我会做这样的事情，但从来不是我的本意。

如果说我想知道这究竟是为什么，出于怎样的念头、原则或决定，

我却不知道为什么要回答这个问题。

但是，事实明显，自证其实，

如灿烂的阳光和昏沉的黑夜一样无法辩解，不可否认，强大得不可动摇。

致　谢

感谢我的伴侣莫妮卡·阿特兰，感谢她那么多有理和无理的建议，那么多充满知识的快乐课程。

感谢米歇尔·巴若，感谢他在誊录部分手稿时的高效工作。

感谢贝尔纳·高里耶，我的出版商兼朋友，感谢他的关心、建议和信任。

教育部人文社会科学研究翻译价值的社会学阐释项目